어느 젊은 노인의 그리움과 사랑

어느 젊은 노인의 그리움과 사랑

초판 1쇄 발행 2024년 7월 5일

지은이 오관용
펴낸이 장길수
펴낸곳 지식과감성#
출판등록 제2012-000081호

교정 김지원
디자인 강샛별, 정은혜
편집 강샛별
검수 김나현, 윤혜성
마케팅 김윤길, 정은혜

주소 서울시 금천구 벚꽃로298 대륭포스트타워6차 1212호
전화 070-4651-3730~4
팩스 070-4325-7006
이메일 ksbookup@naver.com
홈페이지 www.knsbookup.com

ISBN 979-11-392-1972-2(03810)
값 10,000원

- 이 책의 판권은 지은이에게 있습니다.
- 이 책 내용의 전부 또는 일부를 재사용하려면 반드시 지은이의 서면 동의를 받아야 합니다.
- 잘못된 책은 구입하신 곳에서 바꾸어 드립니다.

지식과감성#
홈페이지 바로가기

어느 젊은 노인의 그리움과 사랑

오관용 지음

지식과감정

짧고 뭉툭한 붓을 들다

　초등학교 시절 한가하게 책을 읽는다는 것은 어림없는 일이었다. 책보를 풀자마자 쇠풀 뜯기러 들로 나가거나 어머니가 풀을 매고 있는 밭으로 호미를 들고 나가야 했다. 책이라곤 등잔불 기름을 아끼며 읽은 위인전과 쇠풀을 뜯기며 읽은 옛날이야기책이 전부였다.

　짧고 뭉툭한 붓으로 글을 쓰려니 낯설고 서툴러 붓을 놓았다가 10년 전 별이 된 글쟁이 여동생에게 이끌려 다시 잡았다.

　신춘문예에 당선된 동생만 하겠는가? 들쑥날쑥, 삐뚤빼뚤 쓰면 어떠하랴. 지금 이 나이에 글쟁이의 솜씨를 배우러 다녀 봤자 돌아서면 까매진다. 포기하면 쉽다.

　끄적거렸던 조각들을 모으니 한 종지쯤 된다. 쟁기로 거친 흙을 뒤엎는 수준이지만 송골송골 맺힌 땀방울을 훔치며 한 이랑씩 일구고 있다.

　되돌아보니 60여 년간 버리지 못하고 쌓아 두었던 삶의 보따리가 왜 이렇게 크고 무거운지 낡고 해진 육신으로 갈

라진 삶의 보따리를 묶을 힘조차 없다.

 인생의 반을 투자한 수학교육에 대한 열정은 기부할 2,000여 쪽의 자료 정리로 끝을 맺었다.

 잠시 어제를 돌아보니 그저께로 뒷걸음치더니 60여 년 전으로 돌아와 젖 굶주림에 익숙한 채 어머니 등짝에서 미끄럼질하며 콩밭을 누비던 시절로 나를 돌려세웠다.

 포수들이 노루를 질질 끌고 다니는 산골에서 아버지를 따라 밭고랑에서 들일을 배웠고 어머니의 물배에서 자린고비를 배웠다.

 그리고 할머니의 가느다란 무릎에서 상상의 세계를 꿈꾸었고, 할아버지의 뒷짐을 쫓아다니며 세상과 친해졌다.

2024년 7월 5일
생각나눔장이 오관용

목차

짧고 뭉툭한 붓을 들다   4

[첫째 마당]
그리움

할머니의 옛날이야기가 듣고 싶다	10
봄	13
소풍	15
여름	17
감자	21
가을	26
쇠풀 뜯기기	28
겨울	33
길동이 형 장가가던 날	35
왕겨 도깨비	39
귀신이 어디 있어	43

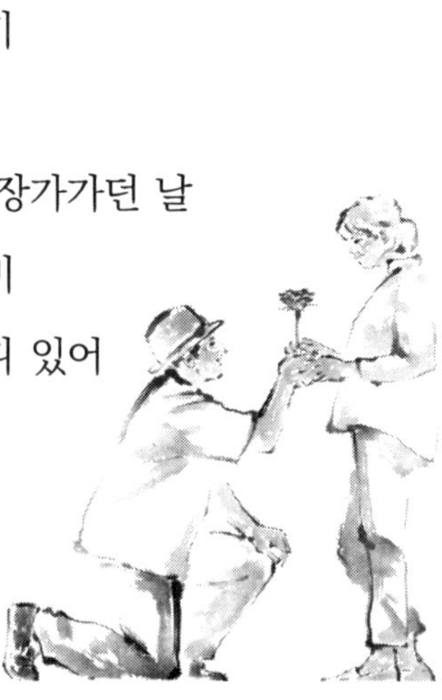

[둘째 마당]
사랑

아침 밥상	48
병상 일기	49
창경궁 춘당지에서	67

[셋째 마당]
소소한 이야기

까짓것 이것쯤이야	72
방콕 마담 거실을 점령하다	75
오늘도 방콕	78
예쁜 손 편지 한 통	79
아이들이 있어 행복해요	82
수학 사랑 이야기	84
처의 건강과 행운을 기원하며	90

추천서　　　　　　　　　　92

[첫째 마당]

그리움

◇◇◇

　고양이 발톱을 집어넣고 살금살금 자리에서 벗어나 창문을 여니 상큼한 아까시꽃 향기가 바람에 묻어 들어온다. 아침을 여는 낯익은 새소리에 이끌려 물 한 병 들고 몸을 일으켰다. 집 앞 용왕산에 가는 길은 온통 흰색이다.
　현관을 나서니 하늘을 연두색으로 색칠한 느티나무 틈바구니에서 수줍은 듯 고개를 떨군 쪽동백나무꽃이 불을 밝히고 하얀 쌀을 토해 내는 이팝나무꽃이 신작로에서 사열하고 있다.
　천덕꾸러기 개망초꽃이 기계총 먹은 머리인 양 듬성듬성 핀 마을 어귀를 돌아 용왕산의 초입에 들어서니 벌들은 찔레꽃 향기에 취해 하얀 융단을 깔아 놓은 국수나무 꽃밭에서 미끄럼질하고 산딸나무꽃은 하늘을 향해 입을 헤벌리고 해님과 놀고 있다.
　중턱에 들어와 가쁜 숨을 몰아 내쉬며 고개를 드니 온통 아까시꽃으로 도배질되어 하늘이 쪼끄매졌다. 탐스럽게 핀 아까시꽃 한 알을 조심스럽게 따서 어금니로 지그시 깨무니 새근새근 잠자고 있던 그리움이 향내와 함께 묻어 나온다.

할머니의 옛날이야기가 듣고 싶다

아궁이 밖으로
불이 슬금슬금 기어 나오면
용케도 아시고
부지깽이로 불을 모아
아궁이로 쓱 밀어 넣으신다

잘 보이는데 거짓말하시나?

불 튈라
할머니가 걱정스러운데
괜히 내 걱정만 하신다

심청전 읽어 드릴게요
모시 두 가닥을 잡고
손바닥에 침을 발라
무릎 위에 쓱쓱 비비시며
목 아프겠다
살살 읽어라

광주리에 실이 수북해질 때
심 봉사가 눈을 떴다
할머니도 심 봉사 따라갔으면…

윗말, 아랫말 친구들
감나무 아래 밀짚 방석에
지레 겁먹고 바싹 붙어 앉으면
할머니의 옛날이야기가
쑥 한 다발 올려놓은
모깃불의 매캐한 연기를 타고
하늘에서 춤을 춘다
숨죽이며 귀 쫑긋
어! 이상한데?
심청전이 통통하게 살이 붙어
다시 태어났다

얼마나 맛깔나게 들려주셨는지
지금도 오금이 저려 온다
들을 때마다 새로운
할머니의 옛날이야기가 듣고 싶다

나무를 팔러 가시는 어머니를 따라 장에 갔다 온 후로 나는 투정을 하지 않았다.

머리가 꺾일 정도로 무거운 나무 한 단과 베 한 필을 머리에 이고 옥녀봉을 넘어 시오리쯤 가셨다. 한 손은 나뭇단의 끄트머리를 움켜쥐고 다른 손은 내 손을 꼭 붙잡고 이 집 저 집 기웃거리시던 모습이 아직도 가슴 한가운데 응어리져 있다.

돌아올 때 어머니 손에는 새하얀 운동화, 원색의 점퍼와 고등어 한 손이 들려 있었다.

어머니는 평생 허리를 펴고 살 줄 몰라서 아직도 기역 자이시다.

어둠이 가시기 전인데도 밭에 계신다.

베잠방이가 이슬을 머금어 올이 굵고 거무튀튀해졌다.

이슬 맞을라.

뒤따라 오거라.

앞장서서 장난꾸러기 막냇동생처럼 풀을 이리저리 휘저으시면 또르르 구르는 이슬방울과 함께 상큼한 풀 냄새가 어머니의 몸에서 묻어 나온다.

봄

 봄은 배고픈 계절이었기에 그리 달갑지 않았다.
 퉁가리의 말라비틀어진 고구마도 바닥을 드러낸 지 오래인지라 밀가루를 섞어서 만든 쌉싸름하고 거칠거칠한 쑥버무리도 꿀맛이었다.
 날이 따뜻해지면 들로 산으로 쏘다니며 주전부리를 했는데 단맛을 빨아내듯이 씹던 소나무 속살은 떫지만 묽은 설탕물처럼 들척지근했고, 삘기는 어머니의 가슴처럼 보드라웠으며, 길쭉하면서 통통한 찔레는 단옥수수처럼 달콤하면서도 상큼하여 보는 사람이 임자였다.
 산모퉁이 계곡의 울퉁불퉁한 돌을 폴짝폴짝 건너뛰며 작은 돌을 들췄지만 허탕이다.
 물 흐름이 느린 도랑의 가랑잎을 조심스럽게 들추니 수수처럼 불그레한 알이 덕지덕지 붙어 있는 가재가 앞발을 들고 겁주다가 당겼다 놓은 용수철처럼 잽싸게 뒷걸음친다.
 조심조심 가재의 허리를 잡고 삭정이 불에 피라미 몇 마리와 함께 넣었다. 삭정이 불에 익힌 등짝이 빨개진 가재의 알이 입안에서 톡톡 터지는 것이 별미였다.
 봄은 모든 것이 새롭게 시작되기에 할 일이 태산이다.

씨를 뿌리는 시기를 놓치면 한 해 농사를 망친다.

논을 갈고 써레질하는 것은 아버지와 소의 씨름이라 괜찮다.

밭이 문제다.

아버지가 쟁기로 대강 갈아엎으면 쇳덩이처럼 딱딱한 귀퉁이 땅은 쇠스랑으로 파야 했는데 어찌나 단단한지 날이 팅팅 튕기곤 했다.

봄에는 비가 적은지라 날이 짧은 쇠스랑으로 밭을 고르다 보면 흙먼지가 풀풀 날려 흘린 콧물과 범벅이 되었다.

씨를 뿌리는 것도 만만치 않아 허리를 잠시도 펼 틈이 없었다.

그것뿐이랴. 농사일로 바쁜 부모님을 대신하여 큰 삽과 소나무 묘목을 들고 산비탈을 오르내리는 부역은 극기 훈련과 같았다.

흙을 고르고 씨를 뿌리는 봄은 그리 길지 않았다.

소풍

어머니의 터진 열 손가락과 바꾼
반들반들한 원색의 점퍼와 바지
너덜너덜한 검정 고무신은
아이스께끼와 바꾸고
다섯 살짜리 동생의 이처럼
새하얀 운동화 한 켤레를
신줏단지처럼 모셔 놓고
손꼽아 기다리던 소풍

맷방석만 한 계란부침이
하얀 쌀밥 위에 덩그러니

입에 넣으면 십 리나 갈 수 있는
왕방울만 한 눈깔사탕을
열 개나 살 수 있는 두둑한 용돈

지금 되돌아보면
아련한 추억과 함께

어머니가 몇 끼를 물배로 채우셨는지
가슴 한쪽이 아리고 먹먹해진다

 밥상에 밥이 한 그릇 부족하다. 옷이 젖어서 부엌에서 드신다고 한다.
 소풍 다녀오겠다고 어머니께 인사를 드리러 부엌에 가니 열무김치를 얹어 놓은 보리밥 한 그릇과 물 한 사발이 부뚜막에 덩그러니 있다.
 배고프니?
 더 먹을래?
 그렇게 어머니는 물배로 봄을 견뎠다.
 그래서 그런지 동생들은 젖 굶주림에 시달렸다.

여름

 구경만 하던 봄을 통째로 삼킨 무더운 여름이 시작되자 보리밭이 기계총 먹은 머리인 양 듬성듬성 누릇누릇해지고 감자도 짙은 녹색으로 무럭무럭 자랐다. 감자 잎과 줄기가 시들시들해지기 시작하면 배고픔에서 해방이다.

 감자 줄기가 누릇누릇해지면 보리도 함께 노릇노릇해진다.
 보리를 베고 탈곡하는 것은 끔찍한 일이다.
 수염이 길쭉하게 난 보리를 한 움큼 휘어잡고 낫으로 쓰윽 베면 울림소리가 상쾌하다. 이때 보리까락이 옷 속으로 기어들어 오는데 바리캉으로 머리를 깎은 날처럼 온몸이 까끌까끌하고 옷에 박혀 잘 털어지지 않았다.
 마당 한 귀퉁이에 낟가리를 틀어 놓았던 보리 반 단을 번쩍 들어 올려 옆으로 뉜 절구통에 힘차게 내려치면 우수수 떨어지는 낟알과 함께 땀범벅으로 눈알이 쓰라렸다.
 밭에 나가면 풀이 지천이라 여름은 풀과의 전쟁이었다.
 아버지는 물꼬를 보러 삽으로 뒷짐을 지신 채 아침 일찍 논을 한 바퀴 돌아보시고 해가 기울어 선선해지면 바지게를 지고 꼴 베러 가시는 것이 일과이셨다.

밭일은 여자가 할 일이라고 거들떠보지도 않으셨다.

강아지풀과 방동사니는 잘 뽑혔으나 쇠비름, 바랭이, 쑥은 제거하기가 그리 쉽지 않았다. 쑥은 뿌리째 뽑지 않으면 다시 싹이 나기 때문에 길게 뻗은 뿌리까지 캐야 했고 바랭이는 질겨서 캐기가 쉽지 않았으며 쇠비름은 캐 놓아도 잘 죽지 않았다.

두둑의 풀은 잔풀이라도 모두 뽑아야 했고 이랑의 잔풀은 노 젓듯이 호미 날을 번갈아 바꾸며 득득 긁어 제거했다.

땡볕에 생강밭을 매는 것도 어렵지만 바람 한 점 없이 푹푹 찌는 한여름에 웃자란 콩 줄기를 그늘 삼아 콩밭을 매고 나면, 땀이 한 바가지요 오리걸음으로 벌을 받은 것처럼 몸은 천근만근이었다. 그렇지만 풀물이 까맣게 든 어머니 손을 보면 싫다는 소리를 하지 못했다.

기다리고 기다리던 여름방학이다.

국수를 후루룩 들이마시고 오른쪽 엉덩이를 살짝 들어 보리 방귀를 피식 뀐 후 냇가로 멱 감으러 가는 모습은 첫눈 온 날 강아지 모습과 똑같다. 친구들은 벌써 물속에서 노닥거리고 있다. 선생님이 준비운동은 필수라고 하셨지만 오른손은 코를 잡고 왼손은 고추를 잡은 채 물로 뛰어들어 소금쟁이인 양 물 위를 스치듯 날아다니며 물싸움을 한다.

손바닥으로 칼날처럼 물을 날리다 가까워지면 엉덩이를 앞으로 하고 두 손으로 물을 신나게 퍼붓는다. 그러다가 물속으로 쏙 들어가 친구의 앞에서 불쑥 나와 두 손으로 얼굴에 물을 사정없이 뿌리면 항복한다.

물싸움하느라 지친 몸을 쉴 겸 수초가 무성한 냇가를 더듬거린다. 붕어라도 잡으면 횡재이다.

어린이들이 냇가에서 물고기를 잡는 방법이 세 가지가 있는데 족대와 같은 도구를 사용하여 물고기를 잡는 방법이 가장 흔한 방법이다.

그러나 이와 같은 도구가 없을 때는 물의 흐름이 느리고 물풀이 많이 있는 얕은 곳을 막고 고무신으로 물을 퍼내어 잡는 방법이 있는데 힘만 들었지 별로 신통치 않았다.

마지막으로 독성 식물을 이용하여 물고기를 잡는 방법이 있다.

냇가에 흔하게 있는 고마리잎과 줄기를 넓은 돌에 올려놓고 찧은 뒤 가두어 놓은 물에 풀어 놓으면 독성이 있어 조그만 물고기부터 차례로 배를 내밀고 몸을 뒤집는다.

이때 잽싸게 잡지 않으면 마취가 풀려 도망간다.

여름이 시작되면 주변에 먹거리가 많아지기 시작한다. 5월 중순쯤에는 감꽃이 피기 시작하는데 감나무 밑에 하얗게 떨어진 감꽃을 풀줄기에 끼워 목걸이를 만들었다가 빼어 먹기도 했다. 6월이면 뱀딸기가 붉게 익어 먹음직스럽지만 별맛이 없어 발로 툭 차거나 그냥 지나친다.

그에 비해 산딸기는 인기가 많았다. 산딸기는 햇볕이 잘 드는 숲의 가장자리나 길가에서 자라는데 6월 중순쯤이면 빨갛게 익는다.

잘 익은 것은 말랑말랑하고 투명한 붉은색을 띠고 있으며 씹으면 달콤하다. 그에 비해 덜 익은 것은 옅은 붉은색을 띠고 있으나 단단하고 시큼하다.

보는 사람이 임자이기 때문에 덜 익어 시큼한 산딸기도 그냥 두지 않았다.

가시투성이인 산딸기나무를 헤치고 잘 익은 산딸기를 입에 한 움큼 집어넣고 할머니 드린다고 한 손 가득 들고 나오면 팔뚝에 빨간 줄이 두서너 개 생겼다.

감자

겨우내 외양간에서 거드름을 피우더니
아버지 손잡고 밭을 오가며
다정하게 산책한다

이랴!
심심하신지 간간이 말을 걸지만
젖먹이 걱정에
음~머!

활주로같이 반듯한 두둑과
신작로처럼 널찍한 이랑을 만들었다

울퉁불퉁 못생긴 몸을
'호루스'의 눈처럼
난도질당하여
지렁이 친구와 몸집을 키웠다

학교 갔다 오는 길에
놈의 머리채를 휘어잡고
이리저리 세차게 흔들면
새알만 한 것
달걀만 한 것이
소시지처럼 주르륵
덩치가 좋은 몇 놈 붙잡고
도깨비에 쫓기듯
허둥지둥
냇가로 달음박질하여
반석 같은 돌에 앉아
물속으로 발을 쭉 뻗으면
발끝부터 가슴까지 시원해진다

꺼끌꺼끌한 조약돌로 문지르면
하얀 속살이 반지르르
와지끈 뚝딱 한 입 베어 무니
아삭아삭
소리는 좋지만 아리고 텁텁하다

옆집 형을 의심하시는 혼자 말씀에
가슴이 콩닥콩닥
지금 생각해 보니 아버지는 알고 계셨었다
아니, 가슴이 더 아프셨을 것이다

밭을 아무리 밟아도 혼나지 않는 날
밭둑에 검정 고무신 나란히 올려놓고
헝클어진 놈의 머리채를 잡아 흔드니
마른 흙이 풀썩
작은 놈, 큰 놈 할 것 없이
여남은 개가 줄줄이 끌려 나오면
허어, 그놈 봐라
빙긋이 웃으시는 아버지
올여름 걱정이 없겠구나

한 소쿠리 챙기시는 어머니 모습에
마른침이 꼴깍!

시커멓게 그을린 양푼을 올려놓고
솔가지 몇 개로 불을 지피면
화르르
타닥타닥
장작이 빨간 치마 입고 춤추면
자글자글
아래는 살짝 눋고
위는 터진 속살 새로 분이 곱다

광주리를 머리 위에 올리면
목이 휘청
왼손엔 펌프로 갓 긴 냉수 한 주전자
오른손엔 단내 나는 막걸리 한 주전자
뒤뚱뒤뚱
곡예하듯 대문을 나서면
맨발로 달려가
주전자를 양손으로 받아 들고
허벅지에 비벼 대면
시원함이 가슴까지 찌르르하다

미루나무 밑에 자리를 펴도
아버지가 오실 때까지 화중지병이라
먹자
양손을 까불까불 넘나들다가
입안으로 쏘옥!
앗, 뜨거워
하얀 속살이 목구멍을 타기도 전에
튼실한 놈 한 마리 개가
양손을 폴짝폴짝 건너뛰며 출랑댄다

가을

 가을은 풍요의 계절이라 먹을 것이 지천에 있어 걱정이 없다. 그렇지만 사방을 둘러보아도 거둬들이지 않는 것이 하나도 없다.
 가장 큰 일은 벼를 베고 탈곡하는 것이다. 벼를 탈곡하는 날은 그저 잔심부름만 할 뿐 배가 터지도록 먹는 잔칫날이다. 두툼한 비계에 거뭇거뭇한 털이 붙어 있는 돼지고기가 채반에 수북하고 하얀 쌀밥이 할아버지 산소처럼 고봉이다.
 살강 밑에 생쥐 드나들듯 부엌에서 비계를 집어 먹은 까닭에 손이 미끌미끌하다.
 벼를 탈곡하러 동네의 장정 대여섯 명이 새벽부터 왔다. 왈캉왈캉 소리를 내며 돌아가는 탈곡기는 다루기 힘들어서 어린이는 접근 금지다.
 탈곡기 발판을 밟으며 벼를 터는 사람, 볏단을 풀어 한 묶음씩 떼어 주는 사람, 볏단을 묶는 사람, 볏단을 쌓는 사람 등으로 탈곡이 이루어지는데 아버지는 십장처럼 동분서주하시며 진두지휘하신다.
 새벽부터 시작한 탈곡은 점심때가 한참 지나서야 끝났다. 뒤주 꼭대기까지 벼가 꽉 찬 모습을 보시는 아버지의 표정이 밝았다.

한바탕 전쟁을 치르고 나면 한 해 농사가 끝난 것처럼 후련했다.

가을에는 베어서 말린 후 털어야 하는 것들이 많다. 콩은 바싹 말리면 깍지가 터져 콩알이 땅에 쏟아진다. 그래서 적당히 말린 후 타작하기 전날 마당에 깔아 놓고 바싹 말린다.

콩을 털 때는 도리깨를 사용했는데 잘못 다루면 얻어맞을 수 있어 요령껏 돌려야 했다. 참깨는 베어서 볏단처럼 묶어 대여섯 단씩 낟가리를 해 놓고 적당히 말린 후 천을 깔고 막대기로 털었다.

병아리를 닭으로 키워 토끼를 사고, 토끼를 키워 염소를 사고, 염소를 키워 소를 사는 것이 꿈이었지만 소 한 마리의 값이 논 한 마지기와 같았기에 허망한 꿈으로 끝났다.

소는 밭과 논을 갈고 무거운 짐을 나르는 일을 하는 큰 재산이었으므로 항상 배불리 먹여야 했다. 쇠풀 뜯기기 안성맞춤인 곳은 수로 옆의 둑으로 풀이 많을 뿐만 아니라 안전하였기에 허리에 쇠 끈을 묶고 소가 풀을 뜯으며 가는 대로 따라가며 책을 읽는 재미가 쏠쏠했다.

한번은 쇠 끈을 허리에 매고 풀을 뜯기다가 소가 땅벌에 쏘여 뛰는 바람에 죽을 뻔했다.

쇠풀 뜯기기

겨우내 베틀에 올라앉아
철커덕 철컥
어머니의 기역 자 허리로
암송아지 한 마리와 바꾸었다
삐쩍 마른 데다가 비루먹었으며
궁둥이에 똥 딱지가 붙어 있는 것이
돈키호테의 애마 로시난테 같다

퀴퀴한 소똥 냄새가 그리 싫지 않은
외양간에 들어서면
반가운 마음에
이리저리 엉덩이춤을 추다가
얌전히 줄을 양보한다

이랴!
나지막이 부르니
풀이 많은 곳을 알고 있는지
아니면 내 마음을 아는지

앞장서서 뒤도 돌아보지 않고
활주로 같은 수로를 향해
하나, 둘, 셋
바람을 가르며 행진한다

풀이 지천인 완만한 수로 둑
벼가 닿지 않을 만큼
쇠끈을 허리에 질끈 매고
보무도 당당하게 앞장세우니
혀로 풀을 감아 채는 소리
쓱쓱, 싹싹!

청록색 쾌자를 단정히 입고
사초 덥고 곤히 잠자고 있던
메뚜기, 방아깨비, 풀무치
놀란 가슴 부여잡고
경중경중 뜀박질한다

본디 방정맞은 개구리 녀석
제 몸 다치는 줄도 모르면서
이리 번쩍, 저리 번쩍!
딱정벌레와 숨바꼭질하느라 신났다

눈은 줄글을 타고
온몸을 쇠끈에 맡기다가
끈이 짧아지면 슬쩍 당겨
워, 워!
말도 잘 듣는다

서쪽 하늘이 붉게 물들 무렵
화들짝 놀란 소
땅벌과 달리기 시합을 하는데
나도 선수 명단에 끼어 있다

윤기가 자르르 흐르는
활주로 같은 천연 잔디 구장에서
한물간 낙지처럼 바짝 엎드려
두 손으로 끈을 꽉 붙잡고
죽기 살기로 달린다

이승인가?
저승인가?
놀란 가슴 콩닥콩닥!
이승이 맞나 보다

김장을 할 때 먹을 두부 만드는 날이다. 도리깨로 흠씬 두드려 맞은 누런 콩을 한 말 정도 꺼내어 불렸다. 세숫대야보다 큰 맷돌을 올려놓고 어머니와 할머니가 콩을 갈고 계신다. 어머니가 자리를 뜨시면 내 차례다.

앞이 보이지 않는 할머니는 항상 똑같은 양의 불린 콩을 시간 맞춰 넣었다. 한석봉 어머니의 떡 썰기보다 더 정확하다. 재미있어 보여 신나게 시작했건만 벌써 팔이 저려 온다. 누가 없나 두리번거리지만 모두 바쁘다.

가마솥에 콩물과 염담수를 넣고 휘휘 저으면 여기저기서 뭉게구름처럼 두부 꽃이 피기 시작한다. 이때 어머니 옆에 바짝 붙어 있다가 뜨끈뜨끈한 순두부 한 사발을 얻어 마시면 온몸이 따뜻해진다.

날이 쌀쌀해지기 시작하면 김장 준비를 한다. 팔 벌려 가을을 만끽하던 배추가 추운 날씨 탓인지 살포시 어깨를 움츠리면 어머니는 언제쯤 뽑으면 좋을지 가늠하느라 밭고랑 여기저기를 넘나들며 배추 정수리에 알밤을 놓는다. 알밤을 놓은 후 열흘쯤 지나 배춧속이 단단해지면 김장하기 전날 두 조각으로 나누고 소금물에 절였다가 건져 놓는다. 품앗이하러 온 동네 아주머니는 배춧속을 넣으며 객지로 떠난 아들딸 자랑이다.

아버지는 내 어깨높이만큼 판 구덩이에 김칫독을 묻고 그리 깊지 않은 구덩이에 무를 가지런히 놓은 후 짚과 흙으로 덮어서 보온이 잘되게 했다.

 품앗이꾼과 온 식구가 달려들어 배추 두 접과 무 세 접으로 김장을 마치니 속이 후련하다. 어른들은 두부에 김치를 올려놓고 막걸리 한잔 하신다.
 커!
 술맛 좋다.
 이제 할 일이 별로 없다.
 그렇게 겨울을 맞이할 준비는 끝났다.

겨울

"삭풍은 나무 끝에 불고"로 시작하는 김종서의 시조가 입안을 구르듯 겨울은 칼바람과 함께 살아야 했다. 황소바람이 들어오지 않게 창호지를 바르고 문풍지를 붙였건만 고추바람이 맵다.

아침에 일어나면 제일 먼저 하는 일이 아궁이에 불을 지펴 물을 한 솥 끓이는 것이다. 무거운 솥뚜껑을 여니 김이 와락 달려든다. 뜨거운 물을 한 바가지 퍼서 찬물과 섞으니 물이 미지근하다.

안마당에서 냉기가 가신 물로 머리를 감고 잰걸음으로 방에 들어갔지만 앞머리에 가는 고드름이 매달렸다.

겨울의 끝자락으로 갈수록 고구마로 점심을 때우다시피 했는데 꿀물이 줄줄 흐르는 고구마를 덥석 베어 물다가 입을 덴 적이 한두 번이 아니었다. 그럴 때 살얼음이 동동 뜬 동치미 국물 벌컥 마시면 세상 부러울 것이 없었다.

젊은 시절에 두 눈을 잃으신 할머니는 역학에 능통하시고 박학다식하셨을 뿐만 아니라 말씀이 온화하고 호소력이 있으셔서 모든 사람들의 존경을 받았다.

그렇기에 농한기인 겨울철에는 할머니의 말씀을 들으러

마실 오는 사람들로 마을회관처럼 북적거렸다.

　부모님을 따라온 어린이들은 가운데 방에서 할머니께 옛날이야기를 듣고 안방에서는 어머니들이 모여 담소를 나누며 사랑방은 아버지들이 모여 새끼를 꼬거나 내기 윷놀이를 끝내고 낮술 한잔 하신다.

　옛날이야기가 끝나면 썰매를 들고 얼음판으로 달려갔는데 젖은 손을 말리려고 모닥불 위로 손을 앞으로 내놓으면 너나없이 손등은 거북등처럼 쩍쩍 갈라지고 피가 맺혀 있었다.

　지금은 대체적으로 주말을 이용하여 예식장에서 결혼을 하지만 옛날에는 추수가 끝난 농한기인 겨울철에 집에서 결혼식을 했다.

길동이 형 장가가던 날

닷새 전부터 길동이네 집으로
장작을 나르는 것을 보니
뭔가 좋은 일이 있을 것 같다

증기기관차의 화통이 된
길동이네 굴뚝에서
고소한 냄새가 연기와 함께 묻어 나온다

문지방이 닳도록 들랑거리며
멍멍!
낯익은 손님 맞이하느라
바둑이 꼬리에 담이 들었다

보름달같이 둥글둥글하고
수줍음 많은 며느리
어머니는 복스럽다고 자랑이고
동네 사람들은 다산하겠다고 덕담한다

그저께 옆집 돼지 나들이 나왔다고
꼬리를 흔들며 신이 났건만
날카로운 소리만
건넛마을 산까지 나들이 갔다 왔다

일남리 일구 청년회
수석리 이구 번영회
운동회 만국기 걸리듯
온 동네 차일이 다 모였다

차일 밑에 멍석을 깔고
수수깡으로 발을 치니
바람 한 점 없이 아늑하다

바깥마당 장작더미에
솔잎 서너 주먹 넣고 불을 붙이면
화르르,
타닥타닥!

팔은 앞으로 나란히 뻗치고
고개는 뒤로 젖히며
국회의원 연설하듯이
팔을 벌려 불을 감싸고 있다

짚을 깔아 폭신폭신한
주방의 가마솥에서
김이 터지게 나오면
순동이가 벙글벙글
화순이가 발그레
신랑, 신부 입장한다

고봉인 국수를 후루룩
두 사발이나 뚝딱 해치우고
비계가 두툼한 돼지고기 한 접시도
마파람에 게눈 감추듯이
씹는 둥 마는 둥 꿀꺽 삼켰다

바삭바삭한 산자와
빨간 줄이 그어진 사탕도 먹었건만
풀 방구리 쥐 제집 드나들듯
과방 근처를 기웃거린다

과방 대장인 문식이 어머니
힐끗 쳐다보시곤
사탕 몇 개를 쥐여 주시면
지푸라기로 검정 고무신을 단단히 동여매고
돼지 오줌보를 툭툭 차며
공동묘지로 달려간다

잔누비 속저고리 폭폭이 잘게 누빈
푹신푹신한 천연 잔디 구장
고삐 풀린 망아지인 양
용자네 할아버지 막걸리 심부름하고
철수네 할머니 등을 긁어 드리며
이 골목 저 골목 신나게 쏘다닌다

왕겨 도깨비

사립문을 열고 백여 걸음 나서면
귀신이 많이 산다는 공동묘지

어 허 허야 어이어 허야
이제 가면 언제 오나
북망산이 멀다 하더니
몸은 앞으로 기우뚱 뒤로 기우뚱
마을 초입부터 들리던 워낭 소리
아직도 귓가에 대롱대롱 매달렸다

밤에 요강을 끼고 살지만
배 아프면 어떻게 하지?
화장실과 처갓집은
멀리 떨어져 있어야 한다고
누가 거짓말을 한 거야?

겨울을 재촉하는 가루비가
머리에 손 올리고 뛸 만큼

추적추적 내리는데
십 리나 떨어져 있는 마당 한 귀퉁이에
널빤지 한 장 빼어 놓은 변소
다리 벌려 더듬더듬
용케도 십일 자로 걸치면
귀신이 뒷머리를 잡아당기는지
도깨비가 고추를 잡아당기는지
배 아픔도 싹 달아났다

도깨비가 놀러 나왔나?
여기서 번쩍!
저기서 번쩍!
마당 한가운데 떡하니 자리 잡고
간간이 불을 켜고 있다

볼일은 뒷전이라
허리띠를 부여잡고
숨이 꼴깍 넘어가는 소리로

아버지!
도깨비!

빨간 불덩이 들고
춤추는 도깨비가 무서워
토방 밑에서
애꿎은 호미로 삽날만 연신 때리지만
도깨비는 꿈쩍도 하지 않는다

천둥소리에 놀라 도망갔나?
작달비 피하러 처마 밑으로 갔나?

석유 그을음 춤추는 횃불 들고
한 발, 두 발, …
허, 허!
그놈의 도깨비에게 속았구나

가루비가 부슬부슬 내리는
마당 한가운데
낮부터 태우기 시작한
왕겨 더미 속에서
펑, 펑!
간간이 불을 뿜고 있다

귀신이 어디 있어

먼 산 실루엣이 흐릿해질 무렵
부슬부슬 가을비 내리는
공동묘지
컴컴하여 보이는 건 없건만
도깨비가 불을 켰는지
상엿집만 잘 보인다

돌아갈까?
질러갈까?
늦었다고 혼나는 것이 더 무서워
눈 질끈 감고 질러가야겠다

공동묘지에 한 발 들여놓으니
후드득후드득
번갯불에 다리가 후들후들
천둥소리에 놀란 가슴을 부여잡고
온갖 귀신이 다 모여 있다는
상엿집을 지나며

귀신이 어디 있어?
굵은 빗방울이 흩날리는데
구 척이나 되는 깡마른 몸에
흰 소복을 입은 귀신이
살랑살랑 춤추며
놀다 가라고 홀리고 있다

발바닥에 말굽이 붙었나?
천근만근 무거운 발을 잡아당길수록
귀신과 더 가까워져
걸음아 나 살려라
혼비백산하여 대문에 들어서니
살았구나

이불을 뒤집어쓰니
눈이 사르르 감기고
도깨비가 씨름하자고 한다

왼쪽으로 넘어가면 질까 봐
이를 악물고 버티고 있는데
수탉이 목을 길게 빼니 도망갔다

해가 중천일 무렵
먼발치서 바라보니
아까시나무 가지에
타다 남은 망자의 옷이
펄럭펄럭

속은 것이 괘씸하다
아니 귀신이 아니길 다행이다

[둘째 마당]

사랑

◇◇◇

처가 서울대병원에 80여 일 동안 입원했을 때 병원에서 집으로 돌아오는 601번 버스 안에서 간략하게 메모한 것을 정리한 글로 '아침 밥상'은 수술 당시의 마음을 담았다.

'병상 일기'의 대부분은 5월 6일부터 5월 30일까지 3차 입원 시 일상과 8월 15일부터 일주일간 4차 입원 당시의 일상을 간략하게 기록한 글이다.

어머니의 배 속에서 나온 아들이 어머니의 몸의 일부분이 되었다.

처가 서울대병원에서 간경화 판정을 받았다. 기증받을 장기를 기다린다는 것은 목숨을 내놓는 것과 같다. 내 것은 헌신짝이 되어 쓸모가 없고, 어디서 기증받을 수 있지? 해외라도 가 볼까? 별생각을 다 했다. 그래, 아들이 있지.

처는 말도 안 되는 일이라고 손사래를 쳤다. 하지만 아들에게 조심스럽게 말을 꺼냈더니 어머니를 살리는 일이라면 무엇이든지 한다고 한다.

인터넷에서 찾아보았는데 남자의 간이 큰 편이고 재생되기 때문에 걱정이 없다고 어머니를 설득했다.

두 사람이 나란히 누워 수술을 받았다.

중환자실에 뉘어 놓고 아침밥을 먹으려니 가슴이 먹먹해지며 눈물이 앞을 가린다.

아침 밥상

밥알들은 대가리를 곧추세우고
어기적거리며 논으로 걸어가고

멸치들은 누런 이빨을 드러내고
씩씩거리며 바다로 달음박질하고

배추들은 푸르뎅뎅한 몸뚱이를
거들먹거리며 밭으로 기어가는

눈물 젖은 아침 밥상을 맞으며
미치지 않으면 미쳐 버릴 것 같은
하루를 마지못해 열고 있다

대여섯 시간 사투를 벌이며 수술을 무사히 마쳤다
얼마나 무서웠을까?
병상에 누워 있는 아들의 모습을 보니 안쓰럽지만 대견하다
걱정 마세요
저는 간이 정상으로 자란다며 어머니 걱정을 한다
결국 아들은 대문자 L, 어머니는 소문자 l을 배에 새겼다

병상 일기

2018년 5월 6일
입이 타고 속이 쓰리다.
주방에 서서 혼자 밥을 먹으려니 눈물이 앞을 가린다. 나까지 아프면 모두 무너진다.
모래알 같은 밥을 눈물로 말아 욱여넣었다.
흐린 날인데도 눈이 부신 것처럼 찡그린 내 모습이 보기 싫다.
우박까지 몰고 온 심술궂은 봄이 슬슬 꼬리를 빼고 있다.
앞으로 좋은 일이 생길 것 같은 예감이 든다.
곧 자리를 박차고 일어나겠지.

2018년 5월 7일
다리 통증으로 힘들어하는 모습을 보니 안쓰럽다.
내가 할 수 있는 일이 하나도 없어 답답하고 한심하다. 그저 다리를 주물러 줄 뿐이다.
주물러서 좋아진다면 밤낮으로 주무르겠건만 잠시 통증이 덜할 뿐이다.
시원한지 잠이 들었다.

2018년 5월 8일
하루 종일 기다리고 있다가 5시 10분에 혈관조영실로 들어갔다.
이번에는 정말 잘되었으면 좋겠다.
간절한 마음으로 빌고 있다.
울 여왕마마 파이팅!
드디어 끝났다.
회복 시간이 길어져 걱정이다.
다시 울적해진다.

2018년 5월 9일
조금 나아진 모양이다.
걸어 다녔다고 한다.
바람을 쐴 겸 휠체어를 타고 창경궁 홍화문이 바라보이는 대기실에 앉았다.
창경궁의 푸름이 와락 쏟아져 들어온다.
봄이 한창 익어 가는 모습을 보니 기분이 좋아진 모양이다.
곧 회복되어 밝은 모습을 볼 수 있겠지.
내일은 잘 걸어 다니기를 빌어 본다.

2018년 5월 10일

오늘은 조금 나아지기를 기도했건만 효과가 없다.

어머니께서 정안수를 떠 놓고 손을 싹싹 빌며 동생의 쾌유를 빌던 모습이 떠올랐다.

나도 그래 볼까?

무릎 통증을 호소하며 조그만 일에도 짜증을 낸다.

아마도 염증 치수가 높아져서 그런가 보다.

'아프다'는 말에 별 반응 없이 곧 '괜찮을 거라'는 말을 한마디 던지고 주치의 선생님이 휭 다녀갔다.

무심하게 회진하는 모습이 언짢지만 분 단위, 아니 초 단위로 쪼개어 수술과 진료하는 모습을 보니 주치의 선생님도 안쓰럽다.

2018년 5월 11일

배에서 피가 많이 나와서 간호사와 의사 선생님이 달려와 응급처치를 했다.

CT를 찍어야 하는데 금식 시간이 짧아 관찰 중이다.

별일이 없어야 하는데 큰 걱정이다.

20여 분 동안 막았던 호스를 갈아 피가 고였을 텐데 피가 한 방울도 나오지 않는다.

왜 그럴까?

CT 촬영을 해야 한다는 연락이 왔다.
허리를 구부리고 식사하다가 피가 많이 나왔는데 휠체어를 타고 가자는 간호사에게 화를 냈더니 침대차가 왔다.
CT 촬영을 하러 가는데 간호사가 데면데면했다.
11시 30분.
CT 촬영을 끝내고 올라왔는데 아무도 오지 않아 기계를 내가 연결했다.
간호사가 무뚝뚝하게 혈압과 체온을 재고 갔다.
언제 피 주머니를 열어야 하는지 말이 없다.
밤을 새워서라도 확인할 거다.

2018년 5월 12일
일찍 일어나 반찬거리를 쌌다.
비가 부슬부슬 내리더니 이내 굵어졌다.
아들과 딸이 다녀갔다.
컨디션이 좋은지 4시간 동안에 변을 세 번 푸짐하게 봤다.
과자와 빵을 먹는다고 잔소리를 퍼붓는 것을 보니 정상으로 돌아왔나 보다.
그나저나 하루가 정말 안 간다.
노인네 걸음이다.

2018년 5월 13일

일찍 잤는데도 몸이 무겁다.
상처 부위가 아프다고 한다.
하도 병원 식당 밥을 먹어서 그런지 짠맛에 길들여진 것 같다.
길들여지기 전에 집밥을 먹어야 할 텐데.
세탁기는 '중'에 맞춰야 시간을 벌 수 있겠지?
가방에 샴푸와 비누를 넣고 병원으로 출근하는데 안산이 한눈에 들어왔다.
안산 둘레길을 사오십 번 정도 걸었을 게다.
만남의 광장과 쉼터에서 간식을 먹던 때가 삼삼하다.
요리 명장의 음식 맛을 언제 볼 수 있을까?
흐리고 우중충한 것이 비가 올 모양이다.
김정호 노래를 듣다가 나와서 그런지 하늘이 더 낮아 보인다.

2018년 5월 14일

변 색깔이 좋아 보인다.
관장한 후에 상황을 관찰하다 치료한다고 하는데 시간이 미정이라 답답하다.
아들과 교대 준비 중이다.
어제는 대학로를 두 바퀴 돌았다.
치과병원 근처에서 음악을 듣고 맨손체조도 했다.

한결 몸이 가벼워졌다.
오늘도 치료가 잘되기를 기원해 본다.
목감기 걸려서 목이 아프다.
출근해서 호박죽이나 먹어야겠다.
그래야 나도 약을 먹지.

2018년 5월 15일
아침에 잠시 들렀더니 실핏줄이 터져 충혈이 되었다.
오전에 내시경 시술과 오후 옆구리 쪽 시술을 한다.
결과가 좋아야 할 텐데 큰 걱정이다.
간병하는 처제가 고마울 따름이다.
밑반찬을 가져왔는데 금식이다.
식성이 좋은데 안타깝다.
미간을 찌푸렸다.
마음도 무겁다.
더 이상 아프지 말아야 할 텐데.
'아픈 것은 오늘이 마지막이다'라고 몇 번이고 되뇌어 본다.
오늘 두 번 시술하느라 고생했다.

2018년 5월 16일
네댓 가지의 반찬을 챙겼다.

컨디션이 좋아 보인다.
날이 우중충한 것을 보니 곧 비가 올 것 같다.
'이런 날씨에는 비올라 연주가 어울린다'라는 아재 개그에 별 반응이 없다.
요리 명장인 큰처제에게 줄 반찬을 내놓으니 감격한다.
파이팅을 외치고 출근길에 올랐다.
한결 발걸음이 가볍다.
목감기가 심해져서 병원에 가 봐야 할 것 같다.
하루 종일 비를 맞으며 꽃을 심었다.
꽃을 심는 데 얼마나 정성을 들였는지 잡념이 사라졌다.
병원에 오니 처형이 있다.
먼 길인데도 불구하고 자주 와서 고맙다.
잠시 후 딸이 왔다.
혈압이 낮아 걱정거리가 또 하나 생겼다.
걱정이 없는 날이 어디 있으랴.
걱정거리 없는 것이 걱정인 날이 하루라도 있으면 좋겠다.
저녁 먹고 백 미터쯤 되는 병실을 한 바퀴 걸었다.
조금 좋아진 것 같다.
내일은 두 바퀴 걸었으면 좋겠다.

2018년 5월 17일

배구대회로 7시쯤 병원에 도착했다.

하루 종일 혼자 있다 보니 많이 힘들었나 보다.

내일은 조금 일찍 와야겠다.

얼마나 적적했을까?

저녁을 먹고 세 바퀴나 걸었다.

무릎이 아프니 무리하지 말라고 했다.

장족의 발전이다.

이번에는 완전히 치료하고 퇴원하기로 의견을 모았다.

배구대회 때문인지 몹시 피곤해 조금 일찍 집으로 들어가고 있다.

2018년 5월 18일

안개비가 내리고 있다.

장마가 진 것처럼 내리던 비가 그치려나 보다.

빨리 염증 치료가 끝나서 툭툭 털고 일어나야지.

낮에는 많이 무료한가 보다.

일찍 퇴근해야겠다.

두 바퀴, 백 미터쯤 걸었는데 무릎이 아프다고 한다.

염증 치수가 3 미만인데도 아픈 것은 관절염 때문일 거라는 불길함이 든다.

내일은 좋아하는 고구마를 구워 와야겠다.
오랜만에 아들, 딸과 아침밥을 먹었다.
요즈음 많이 피곤하다.
운동도 하지 않고 약만 먹어 약해졌나 보다.
점심 먹고 운동장을 대여섯 바퀴 걸었다.

2018년 5월 19일
눈을 뜨자마자 고구마를 사러 갔다.
좋은 세상이다. 5월에 고구마가 나오다니?
음식을 준비하고 방 청소를 하니 10시다.
어제 무리해서 걸어서인지 다리가 아파 잠을 못 잤다고 한다.
고구마, 돼지고기볶음, 장조림을 가져왔는데 시큰둥하다.
호박고구마가 먹고 싶다고 해서 잘 구워 왔는데 너무 피곤해 보인다.
점심 대신 고구마를 맛있게 먹는 모습이 보기 좋다.
돼지고기볶음과 장조림도 먹었다.
손을 떨고 있는 모습을 보니 속상하고 가엾다.
장인어른께서 전화를 하셨는데 옷을 갈아입히느라 제대로 못 받았다.
옷을 갈아입히고 행복정원에 갔다.
손만 뻗으면 인왕산의 호랑이를 잡을 수 있을 것같이 맑았다.

휠체어에 탄 채 몇 바퀴 돌고 내려왔는데 기분 전환이 되었나 보다. 다행이다.
다시 무릎이 시큰거리고 아프다고 한다.
큰 걱정이다.

2018년 5월 20일
미치지 않으면 미쳐 버릴 것 같은 하루가 시작되었다.
우중충한 날씨가 나를 공격하기 시작했나 보다.
점점 우울해진다.
친구가 면회를 왔다.
방 청소, 옷 정리, 빨래, 설거지 등으로 정신없이 바빠서 주방에 서서 밥을 욱여넣었다.
점심시간에 맞춰 부리나케 왔더니 식사가 나오고 있다.
'무릎이 언제 낫는 거야'라며 신경질을 냈다.
걱정이다.
염증 치수가 어제보다 1.3이나 올라 4.64이다.
그저께 2점대, 어제 3점대인데 점점 오르고 있어 큰 걱정이다.
무릎이 아파서 걱정인데 외과 쪽은 아니라고 한다.
아프면 진통제라도 맞으라고 했다.
일찍 가라고 해서 8시에 나왔다.
병원에 혼자 놓고 오려니 가슴이 울컥해진다.

2018년 5월 21일

일산 호수공원의 장미꽃이 보고 싶다고 한다.
매년 거르지 않고 갔는데 올해는 어려울 것 같다.
그래, 장미꽃이 활짝 핀 정원을 그려 주자.
컴퓨터 앞에 앉아 장미꽃을 그리려니 막막하다.
수학교육에 필요한 도형은 많이 그려 보았지만 꽃을 그려 본 적이 없다.
컴퓨터 화면을 물끄러미 쳐다보다가 좋은 생각이 떠올랐다.
정육각형을 이용하여 꽃을 만들어 보자.
아래아한글 선 그리기로 정육각형의 각 변의 이등분점을 연결하여 꽃을 만들었다.

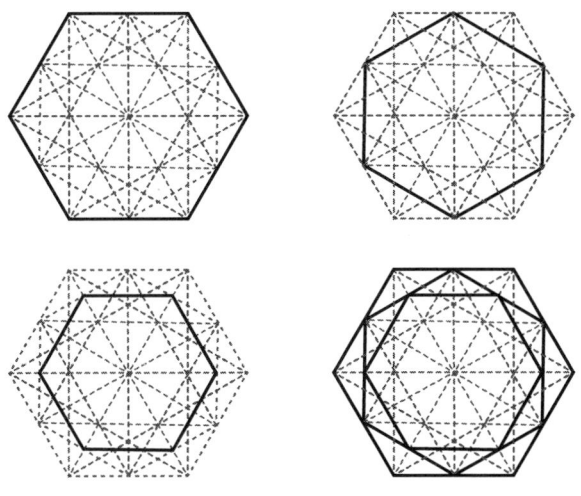

그리고 처의 앞길이 항상 꽃길이기를 기원하며 '오월의 여왕은 바로 당신'이라는 제목으로 다양한 색깔의 장미꽃 속에 사진이 들어 있는 앨범을 만들어 주었더니 웃음꽃이 활짝 피었다.
밝은 모습을 보니 마음이 한결 가볍다.

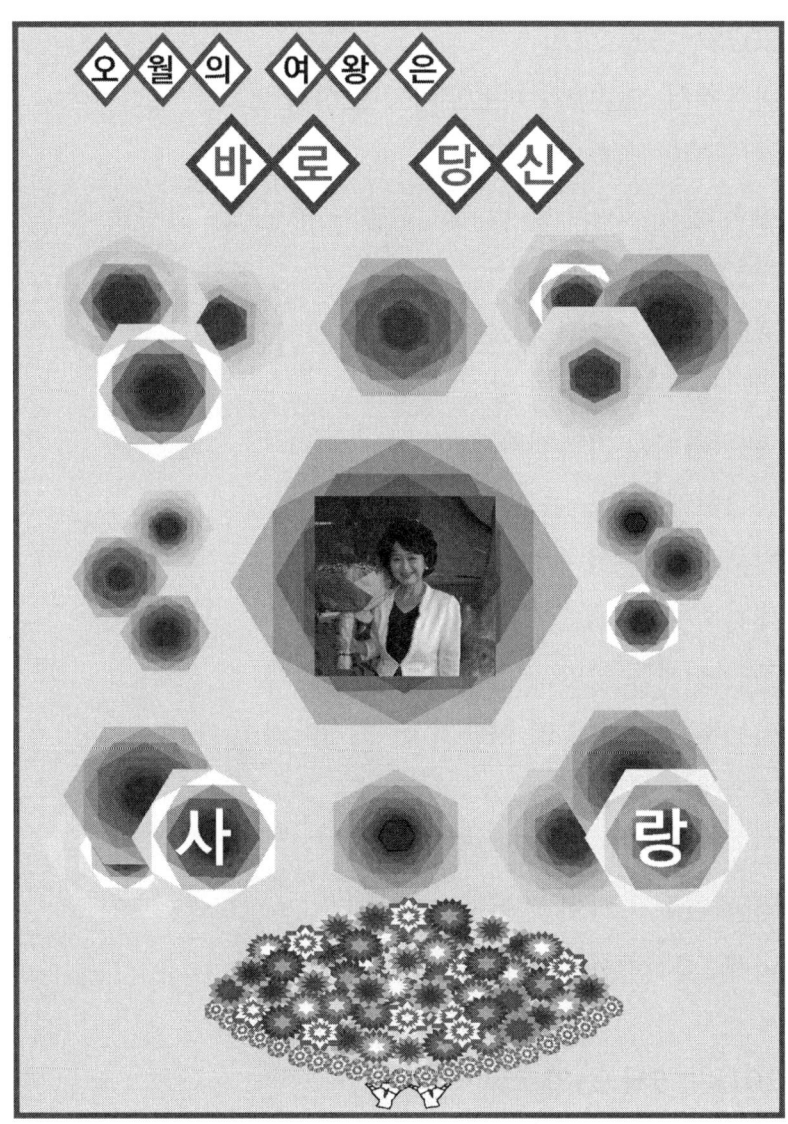

2018년 5월 22일

마트에서 고구마와 방울토마토를 샀다.

잘 먹어야 빨리 낫겠지.

살치 살과 고구마를 굽고 정신없이 병원으로 달려왔다.

우울한 나날이다.

날이 점차 흐려지고 있다.

비라도 펑펑 내리면 좋겠다.

얼른 병원에 가야겠다.

승강기에서 아들을 만났다.

밤새 간호를 했나 보다.

대견하다.

문안 인사를 하니 무릎이 아프다고 한다.

어제는 좋았는데 왜 아픈지 큰 걱정이다.

동생 내외가 들렀다.

휠체어를 타고 암 병동까지 왔다.

염증 치수가 많이 떨어져 2.36이다.

이제는 다리 통증이 문제다.

2018년 5월 23일

잠을 설치다가 5시 20분에 일어났다.

돼지고기볶음과 달걀프라이를 하고 참외를 깎았다.

마지막으로 빵을 준비한 후 병원으로 향했다.
날씨가 좋아 보이는데 황사가 있다고 한다.
모래내 고가 근처에 오니 역시 막힌다.
잠깐 문안 인사만 하고 출근하려고 하는데 약간 늦을 것 같다.
다리가 빨리 나아야 할 텐데.
파스를 붙여서 그런지 다리가 덜 아프다고 하는데 일시적인 것인지 모르겠다.
몸무게도 46킬로그램으로 줄어들었다.
달걀프라이와 돼지고기볶음을 쌌는데 식은 것 같다.
밥맛이 없다며 몇 숟갈 뜨더니 내려놓는다.
찰밥이라도 해 봐야겠다.

2018년 5월 27일

잠을 설쳐서 수면이 부족했는데 오랜만에 푹 잤다.
생체시계가 눈을 뜨면 병원으로 달려가게 맞춰진 모양이다.
오늘은 좀 더 나은 모습으로 만나길 기대한다.
밥맛이 없을 것 같아 전복을 샀다.
전복죽을 만들 자신이 없어 내장은 버렸다.
잘 먹고 근육량을 늘려서 예전처럼 안산을 한 바퀴 돌았으면 좋겠다.
어제 무리해서 걸었을까 걱정이 되지만 별일이 없을 거다.

흐린 날씨이지만 밥 먹고 행복정원에 다녀와야겠다.
많이 기다리고 있었을 텐데 늦어서 미안하다.
무릎이 시큰거리고 아프다고 한다.
관절염 검사 의뢰를 해 봐야겠다.

2018년 5월 30일
병원 출입증이 너덜너덜하다.
퇴원이 며칠 남지 않았다는 징표다.
오늘이 30일째이다.
3일만 지나면 퇴원이다.
중간 정산비가 천만 원이 넘었다.
담즙 주머니를 차고 나가야 한단다.
한 달 가까이 차고 있어야 한다고 하니 많이 불편할 것이다.
불편하지 않게 잘 도와줘야지.
이제부터 좋은 일만 남았다.

2018년 8월 15일
마취된 사람처럼 몸이 축 늘어져 거실에 누워 있다.
"응급실에 갈까?"
"거동하기 힘들면 응급차 불러?"
"병원이 무서워서 그래?"

더 이상 안 되겠다.

몸이 아파서 거동하기 힘든 것인지 무서워서 그런지 미루다가 재촉해서 응급실에 왔다.

혈압이 77이라고 하며 소생실에서 여러 가지 검사를 할 예정이니 놀라지 말라고 한다.

드라마에서 본 전기충격기가 있는 곳이 아닌가?

휠체어를 밀고 소생실로 의사 선생님과 함께 들어갔다. 의사가 벨을 누르자 10여 명의 의료진이 우르르 달려왔다. 보호자는 나가라고 하는데 더럭 겁이 나고 눈물이 났다. 처제에게 전화하는데 목이 막히고 눈물이 앞을 가렸다.

급한 마음에 소생실로 가니 많은 장치를 달고 있었다. 살금살금 들어가 상태를 물었더니 다행히 혈압이 오르고 있다고 한다.

그래도 걱정이 크다.

다시 한번 다녀와야겠다.

문틈으로 보니 안정을 취하고 있다.

1시간 20분 정도 지나고 5구역 3번 방으로 이동했다. 혈압 상승 주사를 놔서 101에서 103 정도로 올랐다. 눈을 감고 있는 건지, 자는 건지 미동이 없다.

별일이 없기를 빌어 본다.

4시인데도 검사 결과가 나오지 않는 것으로 보아 입원해야 할 것 같다.

곤히 자고 있다.
4시 20분 의사가 다녀갔다.
그렇게 4차 입원을 했다.

2022년 2월 22일

서울대병원에 두 달에 세 번 정도 방문을 하는데 채혈하는 시간과 의사 선생님과의 면담 사이에 2시간 정도 공백이 생긴다. 그럴 때면 어김없이 창경궁을 찾는데 봄의 생동감, 여름의 청량함, 가을의 화사함, 겨울의 고즈넉함이 일품이다. 양지바른 의자에 앉아 꽁꽁 언 연못 위로 구르는 낙엽을 바라보고 있노라니 어린 시절의 모습이 새록새록 피어오른다.

창경궁 춘당지에서

흰 눈이 살포시 내린
춘당지 연못 위로
낙엽이 날파람과 놀러 나왔다
이쪽으로 뒤뚱뒤뚱
저쪽으로 떼구루루
개구쟁이 뜀박질로 미끄럼질 친다

양지바른 대청마루에 배를 쭉 깔고
볼따구니 양쪽에 침을 질질 흘리며
낮잠을 즐기던 고양이
까르르 깔깔
재잘거리는 소리에 화들짝 놀라
몸을 한 바퀴 굴리더니
왕방울만 한 눈에 불을 켜고
낙엽과 달리기 시합을 한다
고양이 이겨라
낙엽 이겨라

쉿!
공주님 깨실라
엄상궁의 서슬 퍼런 말 한마디에
기죽은 날파람이 실바람이 되었다

숨소리마저 빨아들인
춘당지 연못 위로
굵은 철사를 댄 순돌이 썰매와
스케이트 날을 댄 만석이 썰매가
나란히 섰다
만석이 이겨라!
순돌이 이겨라!

오늘이 어제인 것 같은데
왕년을 안주 삼아
걸쭉한 막걸리 한잔 걸치며
쉬엄쉬엄 가면 좋으련만

[셋째 마당]

소소한 이야기

◇◇◇

오늘도 알람 시계는 울리지 않았다.

예전 같았으면 알람 시계의 궁둥이를 서너 번은 두드렸을 게다.

초 단위로 쪼개어 바쁘게 살아온 날이 엊그제 같은데 시곗바늘 없이 살아온 지 벌써 5년째이다.

1975년 내 꿈은 원서 쓰기 며칠 전에 와르르 무너졌다.

작은아버지께서 가정 형편을 이야기하시며 교육대학교 진학을 권유하셨다.

그 이후 나는 혼자가 되어 술을 마시거나 완행열차를 타고 훌쩍 떠나는 것이 대학생활의 전부였다.

여름방학이나 겨울방학에 F학점을 간신히 채워 1977년 3월에 발령을 받았다.

교직을 접으려고 한 적이 한두 번이 아니었는데 4년 차에 6학년 담임을 하면서 교직에 몸을 푹 담았다.

학기 초 원고지 석 장도 채우지 못했던 학생들이 졸업에 즈음하여 원고지 20장~180장의 글을 쓴 것에 이끌려 42년 동안 행복한 교직생활을 마무리할 수 있었다.

그래서 그런지 교직 생활의 절반인 21년 동안 고집스럽게도 6학년을 담임하며 독서교육과 수학교육에 열정을 쏟아부었다.

교직 8년 차에 옆 반 담임인 사랑스러운 아내를 만나 산꼭대기 단칸방에서 연탄재를 뿌리며 신혼을 시작했는데 무거운 배를 끌어안고 등산하는 처가 안쓰러워 집안일을 도와주겠다고 약속을 했다.

그렇게 시작한 것이 지금까지도 설거지, 청소, 빨래, 분리수거 등의 자질구레한 일은 내 몫이다.

까짓것 이것쯤이야

연탄재 없이 못 사는 신혼집
남산만 한 배 끌어안고
매일 등산한다

안쓰러워 시작한 약속
남자가 부엌에 들어가면
고추가 떨어진다는데
난 아직도 잘 붙어 있다

엄동설한에 언 손을 호호 불지 않아도
놋그릇을 잿물로 닦지 않아도
애벌 설거지로 음식물 제거하고
세제로 그릇을 닦은 후
뜨뜻한 물로 헹구면 그만이니
힘이 반으로 줄었다

허리 구부려 비질하지 않아도
방바닥을 기며 닦지 않아도

청소기로 밀고 다니면
걸레질까지 척척 해 대니
세상 참 편해졌다

손등이 까지게 비벼 대지 않아도
양 끝을 잡고 힘껏 비틀지 않아도
버튼만 누르면 알아서 척척
말려 주기까지 하니 거저먹기다

  처는 요리 솜씨가 뛰어난데 나도 다듬기, 까기, 씻기 등으로 한몫을 한다.
  딩동, 택배요.
  10월에 파종하여 6월에 거둬들인 후 짚으로 엮어서 통풍이 잘되는 처마 밑에서 말린 마늘을 올해도 어김없이 두 접이나 보내 주셨다.
  마늘을 쳐다보니 괜히 오금이 저리고 허리가 쑤셔 온다. 서너 시간 쭈그리고 앉아 깐 마늘을 다져 놓으니 한 해 농사를 다 지은 것처럼 후련하다.
  더덕은 찐득찐득하여 까기가 불편하고 너무 으스러지지 않게 두드려야 하며 아랫집에 소음이 발생하지 않게 방석을 깔고 해야 한다.

4월 말이면 한 해 동안 먹을 양의 쑥을 뜯는다.

쑥은 주변에 지천으로 있기에 허리가 꼬부라지고 오금이 아파도 사나흘에 걸쳐 뜯는데 다듬기가 더 힘들다.

깨끗이 씻은 쑥은 소금을 약간 넣은 물에 약하게 삶아서 불린 쌀과 무게가 1:1이 되게 방앗간에 가져가면 반죽을 해 준다.

반죽은 지름이 20cm쯤 되는 빈대떡 모양으로 만들어 비닐로 겹겹이 쌓아 냉동실에 보관하다가 필요할 때 쑥떡을 만든다.

① 쑥떡을 만들기 하루 전에 냉동실의 반죽을 냉장실에서 말랑말랑할 정도로 녹인다.
② 반죽은 소금과 설탕을 탄 물을 조금씩 넣어 가며 100번 이상 치대기(반죽을 주무르는 것)를 하여 말랑말랑하게 한다.
③ 반죽을 달걀 크기로 떼어 손바닥으로 비벼 일정한 크기의 경단을 만든다.
④ 경단을 오목하게 하여 송편을 만들거나 손으로 주물러 납작하고 동글동글하게 만들어 개떡을 만든다.
⑤ 찜통의 밑바닥에 베 헝겊을 깔고 15분 정도 찐 후 꺼내어 소금과 기름을 섞어 만든 기름장에 살짝 넣었다 꺼내면 윤기가 자르르 흐르는 개떡이 된다.

방콕 마담 거실을 점령하다

와지끈 뚝딱
우르릉 쾅쾅
이는 필시 하늘이 무너지는 소리다.
놀란 가슴을 부여잡고 있으니 내 가슴이 무너지고 있다.
아들이 가라앉은 목소리로 어머니가 양성이라는데?
그 많던 빈 택시가 나를 피해 다니나 보다.
며칠 전 혈액검사 결과가 좋지 않아 큰 걱정이다.
거기에다가 입술이 터진다고 투덜댔다.
아차! 옆에서 잤는데?
면봉으로 코를 후비고 진단키트에 넣었다.
처는 일등병, 나는 이등병이다.
선별진료소로 달렸다.
열은 있어?
기침은?
없어.
콧물은 멈추었는데 터진 입술이 낫질 않아.

각방을 쓴 적이 없는데 각방을 써야 한다.

말이 격리지 어디 쉬운 일인가?

그래도 조심해야지.

며느리가 만둣국을 현관에 놓고 갔다.

문득 벤허의 한 장면이 떠올랐다.

아! 현실이구나.

안방 문을 빠끔히 열고 만둣국을 밀어 넣었다.

삼시 세끼 준비가 여간 어려운 것이 아니다.

아들은 삼겹살, 며느리는 빵을 사 왔다.

대견하고 고맙다.

반찬 가게에서 나물 몇 가지를 사고 김치찌개를 한 양푼 만들었다.

이제 먹을 것은 걱정이 없다.

그런데 할 일이 태산이다.

설거지, 빨래, 청소, 분리수거에 요리가 추가되었다.

앞치마를 두른 모습이 그럴듯하다.

간호하랴,

집안일하랴.

눈코 뜰 새 없이 바쁘다.

시곗바늘 없이 사는 백수에게 그까짓 것은 일도 아니다.

따뜻한 밥과 연하게 탄 커피를 안방에 밀어 넣었다.

열과 기침이 없으니 다행이지만 입술이 터져 엉망이다.

이만하기를 고맙게 생각하는 처의 모습이 대장감이다.
병마와 싸우기 위해 틈만 나면 요가와 스트레칭을 한다.
여기저기에 전화로 수다 떠는 것을 보니 대수롭지 않은 모양이다.
다른 사람들은 열이 나고 기침을 한다는데?
담당 간호사가 아침마다 안부를 물었다.
어때요?
밝은 소리로 괜찮다고 한다.
환자 맞아?
천만다행이다.

아침에 보건소에 갔다가 사람이 너무 많아 집으로 돌아왔다.
만두전골을 사다 놓고 코를 쑤시러 목동운동장에 갔다.
검사 결과 음성이다.
양성이던 처도 자가진단키트 검사 결과 음성이다.
안방 방콕 마담이 거실을 점령했다.
역시 하늘은 무너지지 않았다.

오늘도 방콕

해가 중천에 떴는데도
알람 시계는 이부자리 끝자락에 걸터앉아
긴 하품만 뿜어 대고
밤새 씩씩거리던 텔레비전마저 코를 골고 있다
코로나 덕분에 텔레비전이 상전이다
애꿎은 알람 시계의 궁둥이를 툭툭 치며
게슴츠레한 눈을 창밖으로 빼꼼 내미니
해가 쪼끄매졌다

어제가 오늘인지?
오늘이 어제인지?
어제도 오늘과 똑같은
하루를 마지못해 열어 본다

코로나와 함께 살아온 날이
벌써 3년째 접어드는데
그럼 나는 오늘도 방콕인가?

예쁜 손 편지 한 통

TO. 오관용 선생님께

선생님 저 지원이에요.
6학년이 된 것이 믿기지 않았던 때가 엊그제 같은데 벌써 졸업하게 되었네요.
오관용 선생님 반이 되는 것을 기다렸는데 선생님께서는 보통 3반만 하셨잖아요.
맨 처음 저의 교실을 찾아갔는데 2반이라서 너무 실망했어요.
방송반인 3반 애들은 저한테 자랑하고 야단났어요.
아침 방송을 마치고 교실로 돌아오는데 2반 교실에서 남자 선생님 목소리가 들리는 거예요!
내가 헛것을 보았나?
살금살금 다가가 두근거리는 마음으로 교실 문을 살그머니 열었더니 교탁 앞에 선생님이 서 계시는 거예요.
그때 마음속으로 기쁨의 환호성을 질렀답니다.
선생님과 함께한 소중한 추억들이 많지만 졸업식 학생 대표 인사, 중학교 학생 대표 선서 등은 저에게 값진 선물이었습니다.
철없이 행동한 저를 사랑으로 감싸 주시고 바른길로 인도해 주셔서 정말 감사합니다.
아무튼 선생님은 짱이에요.

선생님이 너무 좋아서 졸업하기 전에 뭐라도 해 드리고 싶었는데 고민만 하다가 기회를 놓쳐 버렸습니다.
정말 죄송해요.
대신 편지에 정성을 가득 담고 있습니다.
봐주실 거죠?
선생님의 제자로 1년을 보냈다는 것이 행복하고 아직도 너무 설렙니다.
아직도 선생님께 조금 더 멋진 무언가를 해 드리지 못한 것이 마음에 많이 걸립니다.
그래서 편지라도 열심히 써야지 하는 마음에 과감하게 한 장 더 씁니다.
선생님께서 이 편지를 읽을 생각을 하니 기운이 나고 괜히 웃음이 나와요.
6학년의 생활 중에서 선생님이 안 계셨더라면 전 지금처럼 행복하지 못했을 것입니다.
저를 잊지 마세요.
꿈을 이루어서 선생님을 만나 뵙고 싶어요.
선생님의 은혜를 어떻게 잊을 수가 있겠습니까?
밸런타인데이에 제가 직접 만든 초콜릿 맛있으셨는지요?

오 관 용 선 생 님!

일 년 동안 선생님과 함께했던 소중한 추억을 가슴속에 고이고이 담아 둘게요.

그리고 선생님께서 베풀어 주신 사랑을 잊지 않을게요.
선생님 그동안 정말 감사했습니다.

FROM. 최지원 올림

 20번째 6학년 담임일 때 졸업에 즈음해서 제자가 반절지 두 장에 정성스럽게 쓴 감사의 편지이다.

아이들이 있어 행복해요

연구한 수학 자료가 전국은 한 바퀴, 서울은 두 바퀴나 돌았을 것이라는 후배 교사의 말처럼 자료를 공유한 것이 문제가 되었다.

우리 반 학생이 인터넷에서 오관용을 검색했더니 '○○○이 열리는 참 좋은 생각'에 "오관용 누군지 몰라도 문제가 개판이네"라는 글이 있기에 정중하게 댓글을 달았으니 읽어 보라는 쪽지가 캔 커피 한 병과 함께 모니터의 아래쪽에 붙어 있었다.

오관용 선생님께
선생님~ 제가 선생님 반이 된 것은 정말 행운이에요.
전 정말 축복받은 아이인가 봐요~
제가 원하던 선생님 반이 되고~!!!
지금도 너무 기뻐요. ^^
인터넷에 선생님의 자료를 비방하는 글이 있기에 댓글을 달았어요.
선생님이 힘내실 것을 바라며 사랑을 담은 커피를 드립니다.
맛있게 드세요.

○○ 올림

안녕하세요.
저는 오관용 선생님을 존경하는 제자입니다.
문제가 좀 이상하다고 표현한다면 몰라도 문제가 '개판'이라고 표현하시니 기분이 좋지 않아 댓글을 씁니다.
오관용 선생님은 자기 스스로 깊게 생각해 보고, 답을 생각해 보는 문제들을 많이 내십니다. 좋은 문제죠.
그리고 다른 곳에서는 볼 수 없었던 문제들이라고 할 수도 있죠.
그런데 그 특별하고 멋진 장점을 싫어하시네요.
마지막으로, '오관용 누군지 몰라도'라고 하셨으니 제가 오관용 선생님이 누군지 가르쳐 드릴게요.
오관용 선생님은
착하시고
똑똑하시고
재미있으시고
공부를 잘 가르쳐 주시고
너그러우시고
수학을 정말 잘하시는 훌륭한 분이십니다.
더 많은 장점이 있지만 여기까지만 씁니다.
다음에는 오관용 선생님에 대해 나쁘게 말씀하시는 일이 없었으면 좋겠네요. ^^

올해로 20년째 6학년 담임인데 매년 학생들이 행복하게 해 준다.

수학 사랑 이야기

- '너는 누구처럼 학원 차려 돈 벌려고 하면 안 된다'며 오딸로('오씨'와 '페스탈로치'를 합성한 애칭)라는 별명을 지어주신 김○○ 교장 선생님.
- 재능교육이 주최한 1회 산수올림피아드 지도교사상과 통계경진대회 지도교사상.
- 5박 6일의 일본 포상 연수와 23일간의 영재교육 관련 이스라엘 해외연수.
- 방과 후, 방학, 정규 수업, e메일, 공부방 등으로 교육 기부를 한 30여 년의 세월.
- 대학 시절 과제 해결에 많은 도움이 되었던 전설의 선배를 만났다고 반가워했던 신임 교사.
- 수학, 과학, 음악, 미술, 축구, 언어(영어) 분야에 영재인 초등학교 1학년 학생 지도.
- 연수 시간이 1시간이나 지났는데도 질문이 끊이지 않았던 열정적인 연수생들.
- 수학 자료가 전국은 한 바퀴, 서울은 두 바퀴 돌았을 거라는 후배 교사의 진심 어린 이야기.

- 인터넷에 올린 자료를 보고 저녁 식사에 초대한 일면식도 없는 분의 칭찬과 격려.
- 모든 그림 자료를 선생님들이 사용하기 편하게 아래아한글로 제작한 일.
- 15년간 44번의 파일명을 바꾸며 업그레이드를 한 자료.
- 밤새워 연구한 따끈따끈한 자료를 즉시 공유한 일.

42년의 수학 사랑이 주마등처럼 지나간다.

필연과 우연의 만남

수학과를 졸업했다는 인연으로 수학경시반 학생들을 방과 후에 지도하던 중, 1988년도에 '제1회 재능산수올림피아드 대회'에서 지도교사상을 받고 5박 6일 동안 일본을 견학하게 된 것이 영재교육의 꿈의 날개를 펴는 데 큰 계기가 되었다. 그리고 선생님과 학부모님들께서 미국, 이탈리아, 영국, 중국 등의 참고서를 30여 권이나 기증해 주신 덕분에 다양한 연구 활동을 할 수 있었다.

거기에다가 이스라엘로 23일간 영재교육 해외연수를 다녀오면서 선진 영재교육을 접하여 영재교육의 기반을 더욱 튼튼하게 다질 수 있었다.

수학 사랑의 족쇄

- 전반기

일본의 국립 및 사립중학교 입시 문제집(1990년~2009년)을 매년 구입하여 일본의 수학교육 흐름을 파악하고 수학경시반 학생의 지도 자료로 활용하는 데 중점을 두었다.

전반기의 연구 자료로 대표적인 것은 재미있는 수학 시간 열어 가기, 수학적 생각 열어 가기 Ⅰ~Ⅴ, 교실 밖 수학 등 A4 용지 700장 정도의 수학 문제와 연구 자료가 있다.

또한 미국의 교사용 지도서를 연구하여 6-가 단계의 차시별·수준별 학습 자료를 300여 장 개발하여 학습지도 자료로 활용했다.

- 중반기

영재교육원 강사로 활동하면서 영재교육 지도 자료를 개발하는 데 전념하여 《만점수학》, 《천재들이 만든 수학퍼즐 4권: 가우스가 만든 머리셈》을 출판하고 영재클럽, 규칙의 바다로의 여행, 컴퓨터를 이용한 조작 및 활동 자료를 약 2,000쪽 개발했으며 왕성한 연구 활동을 한 시기였다.

- 후반기

후반기는 영재교육 자료의 심도 있는 개발, 수학적 사고력이 있는 보통 이상의 학생 지도 자료, 수학과에 흥미 없는 보통 이하의 학생 지도 자료의 개발에 노력하여 정다각형과 정다면체 탐구, 신비한 숫자의 세계 등 다양한 연구 자료를 개발하고 '생각 쑥쑥 실력 팍팍 참 좋은 수학' 출판 등 약 1,500장의 자료를 만들었다.

수학 사랑에 푹 빠진 이 시기에는 60여 권의 해외 서적과 90여 개의 해외 웹사이트(web sites)를 참고하여 활동 자료를 포함하여 약 5,000장의 연구 자료를 만들었다.

기부 활동

– 학생

1990년부터 방과 후 시간을 활용하여 주 1회 이상, 여름방학·겨울방학을 이용한 특별 수업, 특별 활동 시간을 통한 교육 지원, 4학년 정규 수업 지원(본교 및 인근 학교), 학교 밖 공부방 교육 지원, 이메일을 통한 원거리(포항, 진주 등) 학생 교육 지원 등을 실시했다.

2018년도 서울시 소속 초등학교 4학년 25학급의 학생을 대상으로 정규 수업 시간을 이용하여 수업을 지원하고 수학 동아리 활동을 운영하였으며 방과 후에는 매주 수요일마다 '한 뼘 생각 나눔'이라는 주제로 현직에서의 교육 기부를 마무리했다.

퇴직 이후의 기부 활동으로는 2022년에 50여 개 반, 2023년에 30여 개 반 학생들과 '재미있는 수업 시간 열어 가기'라는 주제로 학생들과 생각을 나누었다.

- 교사

연구한 자료가 전국은 한 바퀴 서울 시내는 두 바퀴 돌았을 것이라는 후배 교사의 진심 어린 이야기처럼 연구 자료를 공유하려고 노력하였다.

그중에서 최고의 기부 활동은 처의 80일간의 입원에도 불구하고 시간을 쪼개고 쪼개어 정리한 A4용지 약 2,000장의 자료를 2018년 12월 5일에 서울시 교육청 소속 140여 명의 교사들에게 자율연수와 함께 USB에 담아 드린 것이었다.

그래도 놓지 못하는 끈

퇴직 후에도 나눔이 마르지 않게 살겠다는 일념으로 3년(2019년~2021년)에 걸쳐 4, 5, 6학년 상위 30% 학생을 위한 학습지(약 400쪽), 4, 5, 6학년 상위 10%를 위한 학습지(약 400쪽), 교사용 지도 자료(약 450쪽), 학부모 지도 자료(약 180쪽), 생각나라(약 160쪽) 등 총 9권(A4 용지 약 2,200쪽)의 학습 자료를 마지막이라는 생각으로 혼신을 다해 만들었다.

이렇게 만든 자료를 전국의 교사, 학부모, 학생, 예비교사 등에게 기부하여 학생들의 생각하는 힘을 길러 주는 데 도움이 되고자 한다.

이게 수학 사랑의 끈을 놓지 못하는 이유다.

처의 건강과 행운을 기원하며

뒷짐 지고 팔자걸음 걷던 토끼
앞장선 거북이 비웃으며
종종걸음으로 따라가다가
화들짝 놀란 토끼
어찌나 빨리 뛰는지
올해도 토끼 꼬리만큼 남았습니다.

며칠 남지 않은 계묘년을 되돌아보니 당신과 함께한 매 순간이 따뜻하고 행복했습니다.

요리 명장
라인댄스 선수
가정 경영학 박사

열정과 노력으로 이룬 결과입니다. 갑진년에도 친구들과 차 한 잔을 하며 담소하는 소소한 행복을 누리소서. 열심히 일한 당신께 힘찬 박수를 보내며 건강과 행운이 늘 함께하기를 기원합니다.

수고하셨습니다.
고맙습니다.
사랑합니다.

계묘년이 저물어 가는 동짓달 보름날

사랑장이 바보

추천서

《어느 젊은 노인의 그리움과 사랑》 제목부터가 남다르다.

지은이와 3년을 같이 근무하면서 배움과 나눔, 연구와 공유, 기부와 봉사, 존중과 배려를 몸소 실천하는 모습을 볼 수 있었다.

특히 정년퇴임식을 대신하여 40여 년간 연구한 2,000여 쪽의 초등수학 자료를 서울 시내 초등학교 선생님께 USB에 담아 드리고 동료들이 준비한 전별금조차도 단체에 기부하는 모습이 참으로 아름다웠다.

교육 기부를 통해 수학을 쉽고 재미있게 가르치는 모습에 감탄했는데 지은이의 글솜씨에 또 한 번 놀라지 않을 수 없었다.

그의 인생 이야기는 담백하면서도 한 편의 영화같이 전개되어 그리움과 부인에 대한 사랑을 흠뻑 느낄 수 있었다.

고미숙

어린 시절 지은이와 같은 환경 속에서 자란 나의 모습이 투영되는 것 같아 마치 내가 삼복더위에 콩밭에서 오리걸음을 하고, 냇가에서 소금쟁이처럼 물 위를 날며 물장구를 치고 있는 것처럼 글 속에 푹 빠져 버렸다.

가족에 대한 사랑이 절절히 묻어 나와 가슴이 뭉클해지는데 특히 병상 일기 속에서 처에 대한 애틋한 사랑은 너무 아름다워 글을 읽고 나서도 한동안 눈시울이 붉어졌다.

힘든 시기를 사랑으로 이겨 낸 지은이에게 힘찬 박수를 보낸다.

신동영